THE LANGUAGE OF FOLK ART

An Introductory Spanish Course

LANGUAGE, CONTENT AND CULTURE

Activity Book 1

MARI HAAS

Longman

Dedication

A Helena, ¡que siempre baile con la banda de Oaxaca!
A Jossie, ¡que siempre juegue con cuentos divinos!
A Alexis, Zachary, y Mark quienes viven con la colección de arte folklórico y me regalan la
horas para escribir.

The Language of Folk Art, Activity Book 1

Credits and citations appear on page 60.

Acquisitions Editor: Lyn McLean
Development Editor: Madela Ezcurra
Project Manager: Helen B. Ambrosio
Text Design: Seventeenth Street Studio
Cover Design: Curt Belshe
Cover Photo: John Lei Studios, NY
Text Art: Lloyd Birmingham, Don Martinetti
Maps: Woodshed Productions

5 6 7 8 9 10 -CRS -05 04

CONTENTS

ARPILLERA/PERÚ

¿Dónde está . . . ?

Señala en el mapa.

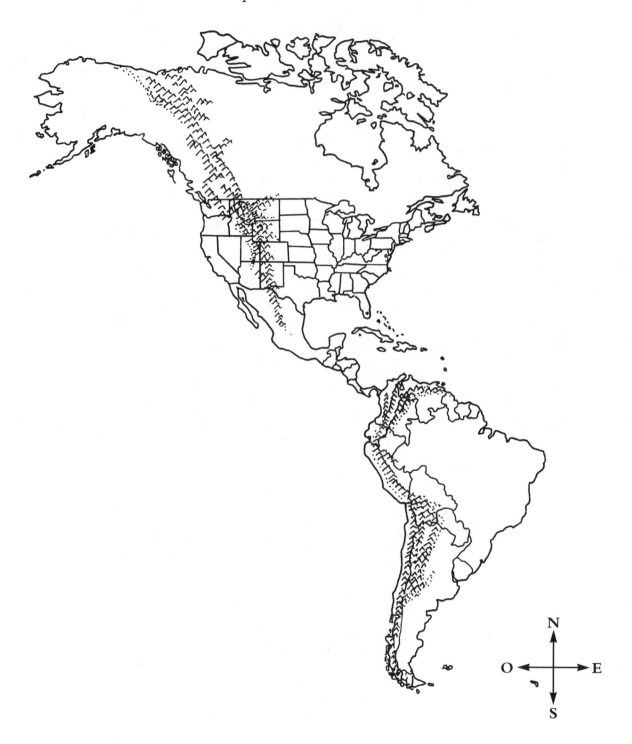

Los Estados Unidos

Dibuja estrellas en las capitales.

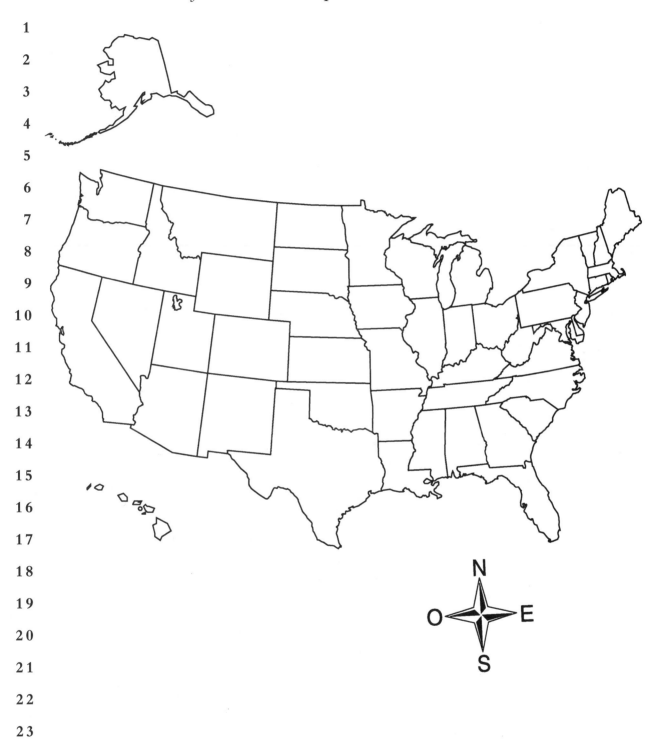

1
2
3
4
5
6
7
8
9
10
11
12
13
14
15
16
17
18
19
20
21
22
23

A B C D E F G H I J K L M N O P Q R S T U V W X Y Z

¿Qué haces?

Recorta para jugar.

Las Américas

Colorea, traza y escribe.

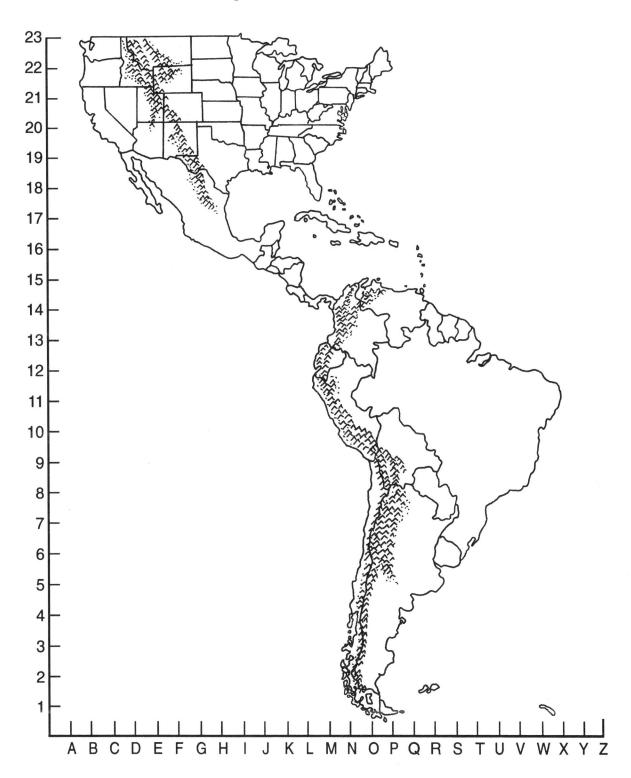

Manzanas

Colorea y recorta.

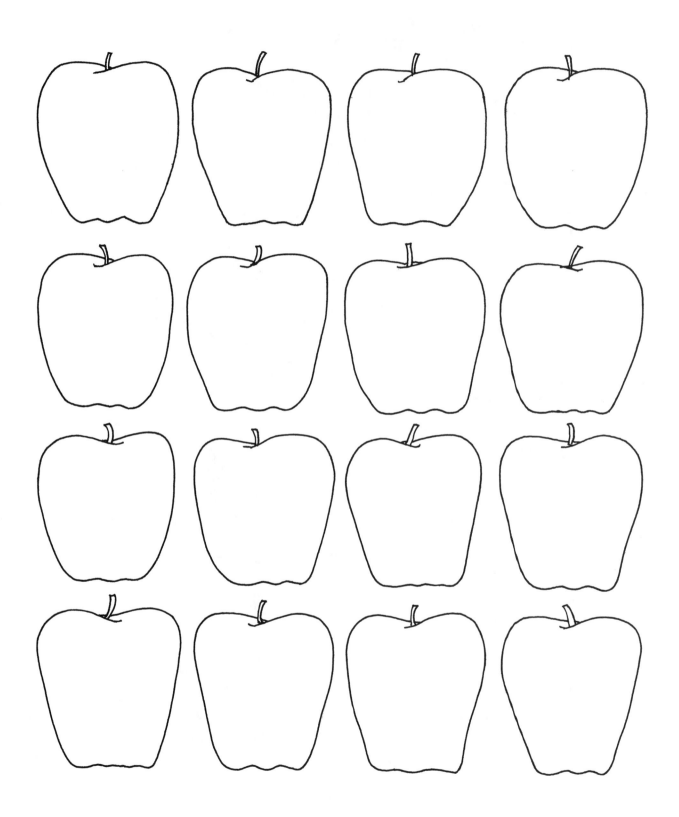

¿Cuál es la respuesta?

Indica la respuesta correcta.

1. Sí No
2. Sí No
3. Sí No

4.

5.

6.

7.

8.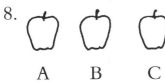

A   B   C

¿Qué hay en una arpillera?

Colorea y recorta.

El fondo de la arpillera

Colorea.

Frutas

Colorea y recorta.

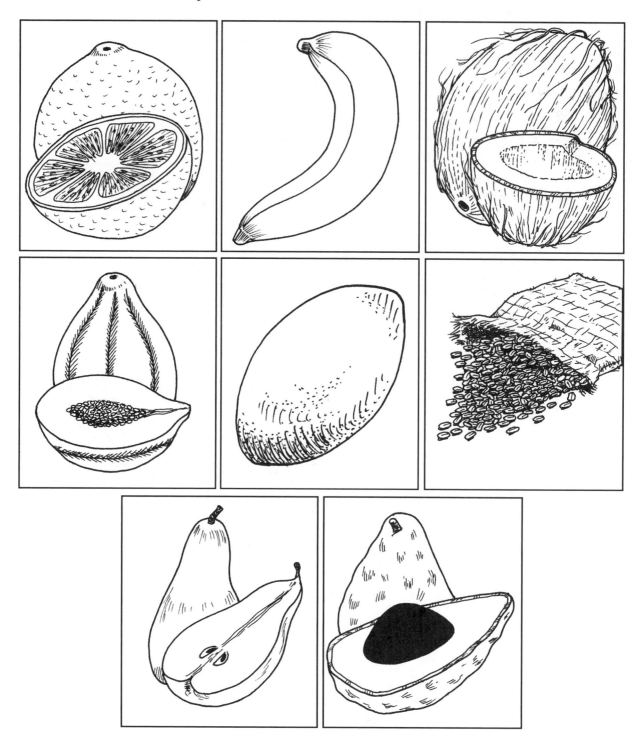

¿De dónde vienen las frutas?

Dibuja las frutas en el mapa.

¿Qué fruta flota o se hunde?

Completa la gráfica.

FLOTA

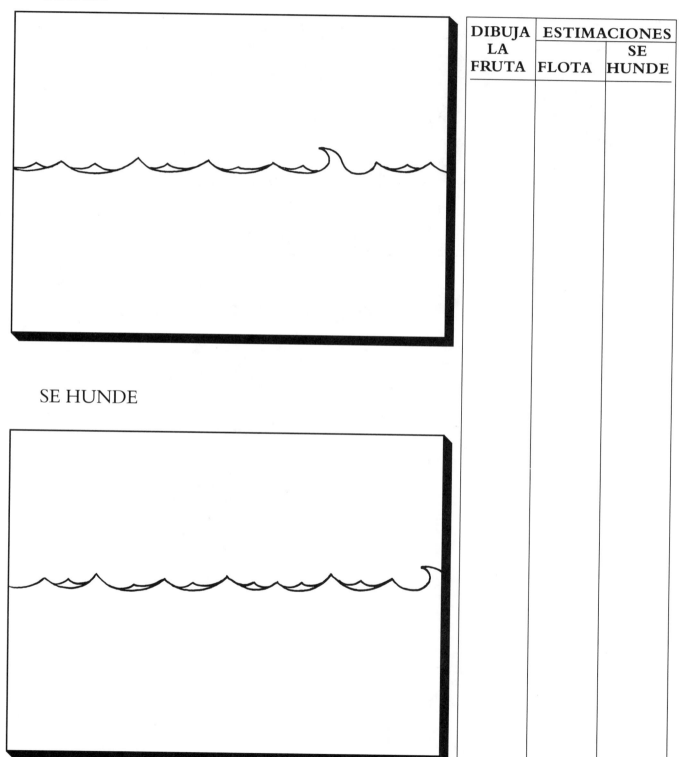

SE HUNDE

DIBUJA LA FRUTA	ESTIMACIONES	
	FLOTA	SE HUNDE

¿Cómo es la fruta?

Completa la tabla.

LA FRUTA	suave	duro(a)	agrio(a)	dulce
la naranja				
la manzana roja				
la manzana verde				
las uvas				
el plátano				
el mango				
la pera				
la papaya				
la piña				
el aguacate				

¿Dónde crecen las frutas y verduras?

Dibuja dónde crecen.

DEBAJO DE LA TIERRA	SOBRE LA TIERRA	EN UN ÁRBOL

Intercambio entre Europa y América

Dibuja las frutas y los animales.

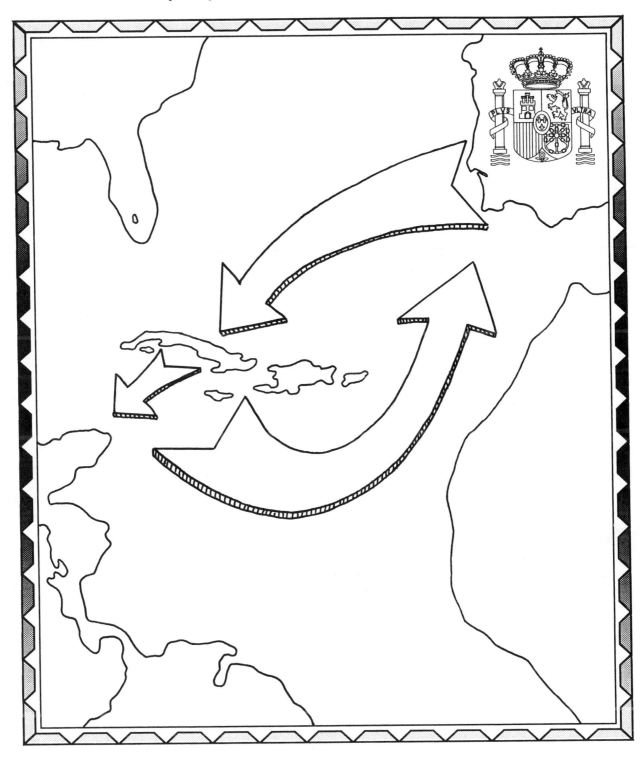

CAMIÓN/BOLIVIA

Las frutas del señor Verdura

Completa el rompecabezas. Escribe "sí" o "no" en las cajitas.

	verdes	rojas	amarillas
las uvas			
las manzanas			
las peras			

El Sr. Verdura cultiva mucha fruta. Sus frutas favoritas son las uvas, las manzanas y las peras. Son amarillas, verdes y rojas. Cada fruta es de un color diferente. ¿De qué color es cada fruta?

1. Las uvas están al lado de la fruta roja.
2. La fruta amarilla no es la pera.
3. Las peras están al lado de la fruta verde.
4. Las manzanas no son verdes.

Colorea las frutas.

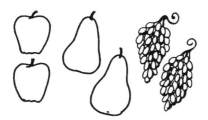

¿Dónde está?

Busca en el mapa.

Ferrocarril

Dibuja el símbolo de las vías en el mapa. Lee el poema.

Ferrocarril, carril, carril

Arica, La Paz, La Paz, La Paz

Tres pasos para atrás, atrás

Tres pasos para atrás.

Los medios de transporte

Recorta para jugar.

Viajamos en camión a Bolivia y Chile

Completa el rompecabezas. Escribe "sí" o "no" en las cajitas.

	lugares			camiones		
	Arica	La Paz	el Lago Titicaca	blanco	anaranjado	violeta
Marcela						
Jorge						
Alexis						

A tres amigos les gusta viajar. Se llaman Marcela, Jorge y Alexis. Viajan a tres lugares diferentes de Chile o Bolivia (Arica, La Paz y el Lago Titicaca), en tres camiones de distintos colores (blanco, anaranjado, violeta). ¿Adónde van? ¿De qué color es cada camión?

1. Jorge no viaja en el camión violeta.
2. Marcela y Alexis no viajan a Arica.
3. Alexis viaja en el camión violeta.
4. Marcela viaja a La Paz.
5. El camión violeta viaja al Lago Titicaca.
6. El camión blanco viaja a una ciudad en la cordillera.

Marcela viaja a _____ en el camión _____ .

Jorge viaja a _____ en el camión _____ .

Alexis viaja a _____ en el camión _____ .

El camión boliviano

Recorta el camión. Corta la línea de puntos.

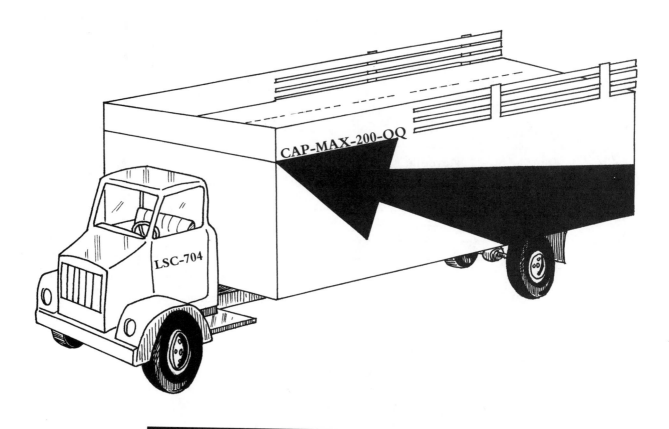

¿Qué hay en el camión?

Recorta las figuras.

La ropa

Señala y colorea.

Diagrama de Venn

Completa con los nombres de la ropa.

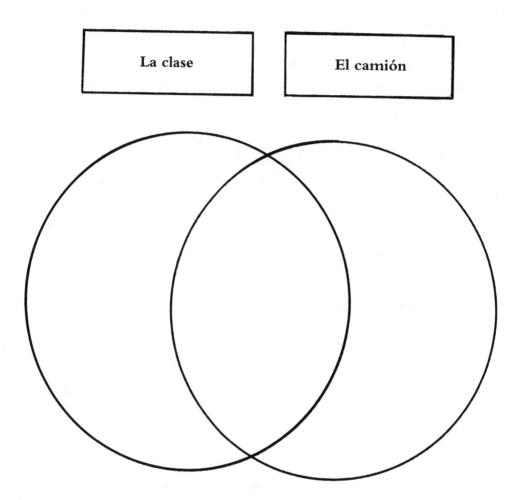

Del camello a la llama

Lee y señala en el mapa.

A. ¿Qué imaginas cuando piensas en un camello? ¿Imaginas un animal con cuatro patas y jorobas en la espalda? Sí, pero también hay camellos con una joroba. Se llaman camellos dromedarios y viven en África, Asia y también en Australia. Los camellos con dos jorobas se llaman camellos bactrianos y viven en Asia. Son diferentes a los dromedarios que viven en el desierto (donde la tierra es plana y hace mucho calor) porque pueden sobrevivir en las montañas donde hace frío. Los primeros descendientes de los camellos vivían en América del Norte hace 40 millones de años. Ahora los camellos de América del Norte no existen; se han extinguido. ¿Qué piensas que pasó hace dos millones de años cuando los camellos salieron de América del Norte? Traza la ruta de los camellos en el mapa.

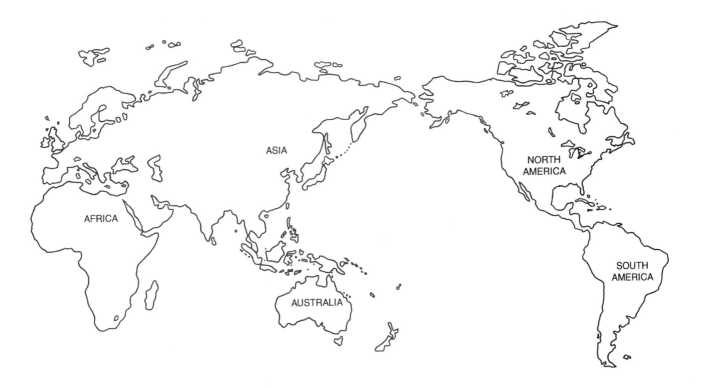

B. Hay otros descendientes de la familia de los camellos. Viven en América del Sur, en las partes altas de la cordillera. Estos animales no tienen jorobas en la espalda y son más pequeños que los dromedarios y los bactrianos. Hoy en día, viven dos tipos de camellos silvestres y dos tipos domesticados en América del Sur. Los silvestres se llaman la vicuña y el guanaco. De los guanacos vienen los dos tipos domesticados. Son la llama y la alpaca. ¿Cómo llegaron ellos a América del Sur? Traza la ruta en el mapa.

C. La lana de las vicuñas es la más suave del mundo. Los Incas acorralaban a las vicuñas cada cuatro años para cortar su lana. Tejían tela muy fina de la lana de las vicuñas pero el emperador y los nobles eran los únicos que podían llevar esa ropa. Mataban a las otras personas que llevaban ropa de tela de vicuña. Hoy en día también se usan alpacas por la alta calidad de su lana. El descendiente de los camellos más común en América del Sur es la llama. La llama es muy fuerte y puede cargar mucho peso sobre el lomo. También puede caminar en terreno pedregoso hasta doce kilómetros al día. Las llamas pesan solamente alrededor de 165 libras, y pueden cargar un poco más de la mitad de su peso. Su lana, que no es tan suave como la de la vicuña o la alpaca, también se usa para tejer.

Gráfica de telas y ropa

Completa y marca.

La ropa	algodón	lana	seda	fieltro	nilón	cuero	goma	terciopelo	poliéster	acrílico
la camisa										
la gorra										
los zapatos										

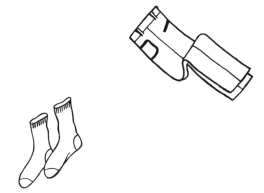

Dos poemas

Lee los poemas y recítalos.

La llama
(por Ernesto Galarza)

¿Díganme por qué a la llama
su mamá la llama llama
y no la llama león?
Pues mamá así la llama
porque al llamarla llama
llama mucho la atención.

Canción de todos los niños del mundo
(por Suni Paz)

Cuando aquí es de noche,
para ti amanece.
Vivimos muy lejos,
¿no te lo parece?

Cuando allí es verano,
aquí usan abrigos.
Si estamos tan lejos,
¿seremos amigos?

Yo no hablo tu idioma,
tú no hablas el mío.
Pero tú te ríes
cuando yo me río.

Estudias, estudio,
aprendo y aprendes.
Sueñas y yo sueño,
sé que me comprendes.

Vivimos muy lejos,
no estamos cercanos.
Pero yo te digo
que somos hermanos.

¿Adónde va el camión?

Recorta los lugares para jugar.

BANDA/OAXACA

¿Dónde están los biomas?

Colorea los diferentes biomas.

¿Dónde viven los animales?

Escribe los nombres de los animales debajo de cada bioma.

La tundra

_____

_____

_____

_____

_____

La taiga

_____

_____

_____

El bosque

_____

_____

_____

_____

El bosque tropical

_____

_____

_____

Las llanuras

_____

_____

_____

_____

¿Dónde viven los animales?
(*Continuación*)

El desierto

_____

_____

_____

_____

_____

El agua

_____

_____

_____

_____

La casa

_____

_____

_____

_____

La finca

_____

_____

_____

_____

El jardín zoológico

_____

_____

_____

_____

Animales de los distintos biomas

Señala los distintos animales y pregunta.

Animales de los distintos biomas
(*Continuación*)

México

Señala y completa.

La banda de Oaxaca

Recorta los animales para viajar.

Los animales de la banda de Oaxaca

Escribe los nombres de los animales. Conecta cada uno con el animal de la banda.

Los músicos van de viaje

Resuelve el rompecabezas.

Hay tres animales que tocan tres instrumentos diferentes y visitan tres lugares distintos. Los animales se llaman Pancho Perro, Teonilda Tortuga y Gabriel Gato.

Usa las frases claves para resolver el rompecabezas. Escribe SÍ o NO en las cajitas.

ANIMALES	Instrumentos			Lugares		
	el acordeón	la trompeta	los platillos	la tundra	el mar	el bosque tropical
Pancho Perro						
Teonilda Tortuga						
Gabriel Gato						

1. A Teonilda le encanta la nieve.
2. El instrumento de Pancho tiene dos partes.
3. Gabriel viaja en un barco.
4. Teonilda no puede cantar cuando toca su instrumento.

SOLUCIÓN:

_____ viaja a _____ con _____.

_____ viaja a _____ con _____.

_____ viaja a _____ con _____.

¿Qué características tiene mi animal?

Dibuja un animal. Describe sus características.

Dibujo del animal

¿Dónde hay figuras geométricas en la banda de Oaxaca?

Dibuja las figuras geométricas con lápiz.

Los mariachis

Mira la ilustración. Compara esta banda con los músicos de Oaxaca.

¿Son iguales o diferentes?

Haz listas y completa la gráfica.

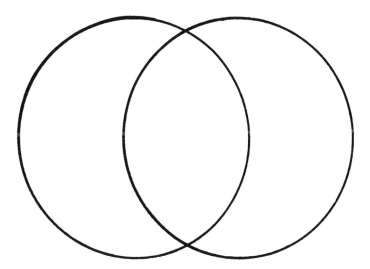

La banda de animales

Los mariachis

Los mariachis y los turistas en la Plaza Garibaldi

Lee y escoge las frases para hacer un diálogo.

MARIACHIS:
1. Buenas tardes, ¿desean una canción especial?
2. Buenas tardes, ¿les gustaría oír *Las mañanitas?*
3. Hola, ¿quieren escuchar música fabulosa?

TURISTAS:
1. Buenas tardes. Sí, deseamos una canción.
2. No, no tenemos mucho dinero.
3. ¿Qué canciones tocan ustedes?

MARIACHIS:
1. Podemos tocar *Guantanamera, Cielito lindo, La bamba.*
2. ¿Les gustaría oír *Las mañanitas, La cucaracha, De colores?*
3. Les damos muy buen precio, ¡es muy barato!

TURISTAS:
1. Deseamos *La bamba.* ¿Cuánto cuesta?
2. Nos gustaría oír *De colores,* por favor.
3. ¿Cuánto cuesta?

MARIACHIS:
1. Cuesta nueve pesos la canción o veinticinco por tres.
2. Con mucho gusto tocamos *De colores.*
3. El precio es fantástico, ¡sólo nueve pesos!

TURISTAS:
1. Quereremos oír tres: *Guantanamera, Cielito lindo* y *La bamba* por favor.
2. Muchas gracias.
3. Gracias, hoy no.

MÁSCARAS/PUERTO RICO

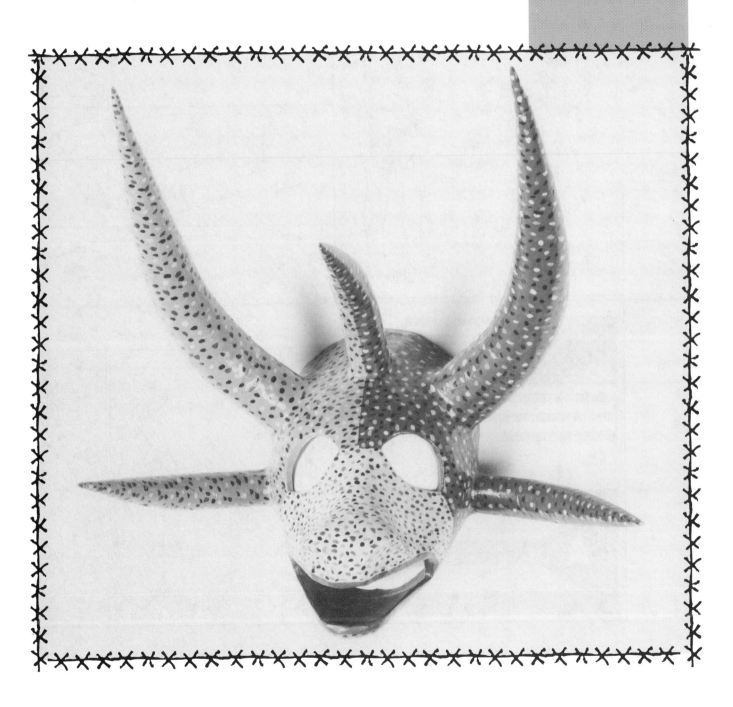

Puerto Rico

Señala las figuras y repite los nombres. Después recorta.

Puerto Rico
(Continuación)

Dos canciones

Canta con tu compañeros.

EL COQUÍ
(Folklor de Puerto Rico)

El coquí, el coquí a mí me encanta.
Es tan lindo el cantar del coquí.
Por las noches al ir a acostarme
Me adormece cantando así:
Coquí, coquí, coquí, quí, quí, quí
Coquí, coquí, coquí, quí, quí, quí.

BAILE DE LA CAÑA
(por David Chernician)

La caña baila,
baila en el viento;
y ¡mira qué lindo
su movimiento!

¡Que sí, que no,
que yo me voy
a bailar con la caña,
sí señor!
¡A bailar con la caña,
sí señor!
¡A bailar con la caña,
sí señor!

Cuatro vejigantes

Colorea uno de los disfraces y compara.

Cuatro vejigantes
(*Continuación*)

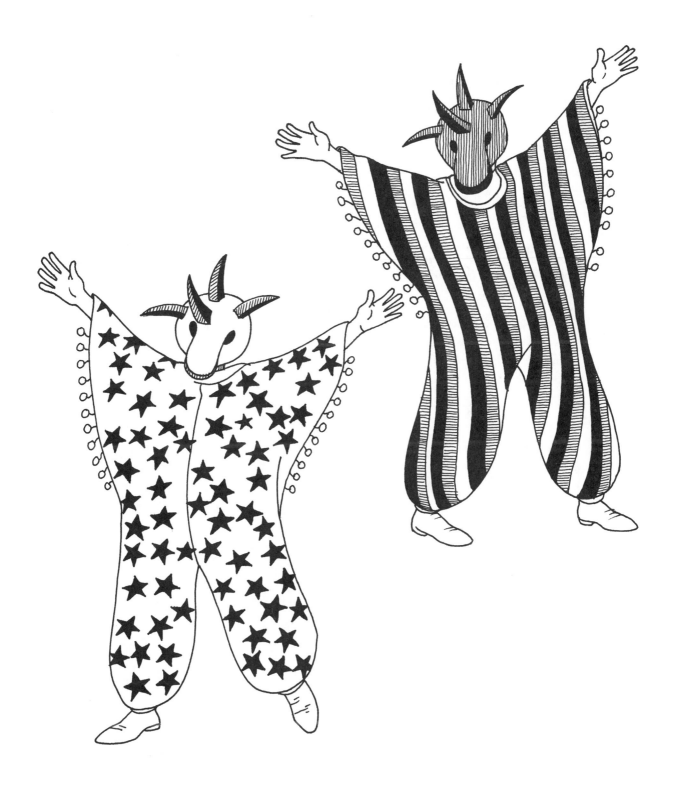

Vejigante come coco

Canta con tus compañeros. Dibuja.

M: Toco, toco, toco, toco

E: Vejigante come coco

M: Vejigante a la bolla

E: Pan y cebolla

M: Vejigante comió mangó

E: Y hasta las uñas se las lamió

L: Yo vi un diablo verde

E: Sentado en la cocina.

L: Prucutá, prucutá y bueno que está,

E: Prucutá, prucutá y bueno que está

L & E: ¡Qué chévere, qué chévere, qué chévere, qué chévere, qué chévere, qué chévere, qué cha!

Dibuja el vejigante:

Ingredientes para la receta

Completa las listas.
Ingredientes secos:

_____
_____
_____
_____
_____

Ingredientes húmedos:

_____
_____
_____
_____
_____

Utensilios de cocina:

_____
_____
_____
_____
_____

¿Cuánto necesitamos?

Calcula la cantidad.

INGREDIENTE	NÚMERO DE PERSONAS/ CANTIDAD	AMPLIACIÓN	CÁLCULO
leche	2/3 tazas	15	15 x 2 = 30

Pasos a seguir

Completa la lista.

Los pasos de la receta de: _____

Primero: _____

_____

Segundo: _____

_____

Tercero: _____

_____

Cuarto: _____

_____

Quinto: _____

_____

Sexto: _____

_____

Séptimo: _____

_____

Octavo: _____

_____

Noveno: _____

_____

Décimo: _____

_____

La plena de Puerto Rico

Lee y canta.

La plena es una forma típica de música puertorriqueña. Tiene sus raíces en los ritmos de África y el sonido del tambor. La letra de una plena hace generalmente comentarios sobre la vida diaria de la gente y está basada en las experiencias de los trabajadores. Las canciones son cantadas por un cantor y un coro. Los instrumentos que las acompañan son el tambor, la pandereta, el güiro, las maracas y a veces, la guitarra y la armónica.

Al principio de este siglo la plena empezó a escucharse en Puerto Rico en el sur de la isla donde se cultivaba mucha caña de azúcar. El primer plenero famoso se llamaba Joselino "Bumbún" Oppenheimer (1884–1929). Era un trabajador negro que trabajaba como *arador,* manejando los bueyes en los campos de caña con *los cuarteros,* los jóvenes que le ayudaban. Bumbún cantaba las letras de la canción y *los cuarteros* cantaban el coro a la manera africana de voz y eco.

A fines de los años 20 muchos trabajadores salieron de Puerto Rico para los Estados Unidos. En la ciudad de Nueva York, la plena adquirió popularidad y todavía se oye en los vecindarios latinos y en otras partes de la ciudad.

La plena de Puerto Rico
(*Continuación*)

Un ejemplo de una plena de Rafael Cepeda, un plenero puertorriqueño, es *Hay huelga en Puerta de Tierra*. Esta plena habla de una huelga de esa época.

> ¡Hay huelga
>
> En Puerta de Tierra!
>
> Por causa de los trabajadores
>
> Están en protesta
>
> Y salen los rompehuelgas
>
> De la isla entera.
>
> Los trabajadores
>
> Toditos están en protesta.
>
> ¡Hay huelga
>
> En Puerta de Tierra!
>
> Los trabajadores
>
> Toditos están en protesta.
>
> Si dice Santiago Iglesias
>
> Hay que luchar.
>
> Pero hay huelga
>
> En Puerta de Tierra.
>
> Y dicen los trabajadores
>
> ¡Toditos están en protesta!

Gráfica de la plena

Completa la gráfica.

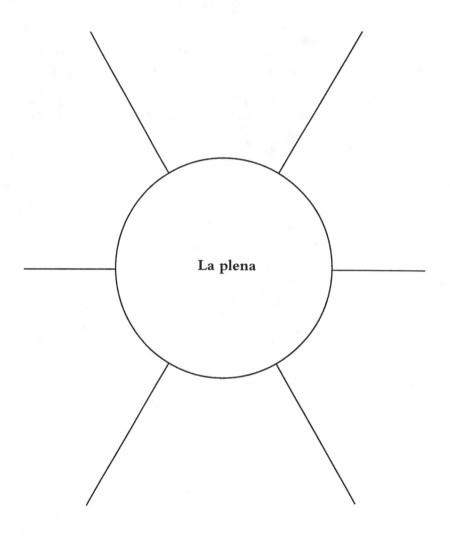

Canciones

Canta y juega.

EL FLORÓN

El florón pasó por aquí,
Yo no lo vi, yo no lo vi.
El florón pasó por aquí,
Yo no lo vi, yo no lo vi.

¡Que pase, que pase,
que pase el florón!
¡Que pase, que pase,
que pase el florón!

¿Quién tiene el florón, tú?

BRINCA LA TABLITA

Brinca la tablita
Ya yo la brinqué
Bríncala tú ahora
Que yo me cansé
Dos y dos son cuatro
Cuatro y dos son seis
Seis y dos son ocho
y ocho dieciséis
Y ocho, venticuatro
Y ocho, treinta y dos
Aquí se termina
Mi linda canción.

AL CITRÓN DE UN FANDANGO

Al citrón de un fandango
zango, zango sabaré
sabaré la farendela
con su triqui, triqui tron.

COMPADRE CÓMPREME UN COCO

Compadre, cómpreme un coco,
compadre, no compro coco
porque como poco coco como,
poco coco compro.

CREDITS

Gracias a:

Marcela Moncloa sin quien nunca hubiera podido terminar.

Mis estudiantes de Teachers College y mis collegas (Betsy, Carol Ann, Eileen, Helena, Jossie, Marcia, Mimi, Myriam, y Nancy) para sus ideas fantásticas que he adaptado a través de los años.

María Elena Marquéz, Angela Roa, Zenaida Muslin, María Araujo, Bertha Ibarra Parle, Teresa Pijoan y Orlando Vigil por escribir la información cultural o los cuentos de cada unidad.

Lyn McLean, Madela Ezcurra, y Helen Ambrosio, los editoras supremas de Longman.

The author would like to thank the following people for their contributions to this text.

Erwin Reyes-Meyer: The *Ferrocarril* chant and walking steps in Unidad 2 remembered from his youth in Boliva.

Zenaida Muslin: Ideas about carnival in Unidad 4 from her Spanish class at Bank Street School for Children and her Project SALTA unit, *Carnaval Puerto Rico.*

Martha Lahn: The idea for the folded-paper *adivinanza* in Unidad 4 from her Project SALTA unit, *Carnaval en la República Dominicana.*

PHOTO CREDITS:

Photographs on pages 1, 16, 31, and 45 by John Lei Studios, New York.

TEXT CREDITS:

Unidad 2: *Canción de todos los niños del mundo* by Alma Flor Ada and music by Suni Paz in *Spanish Oral Language Enrichment Activities for Children (SOL)* (Addison-Wesley, 1989, p. 60)

La llama by Ernesto Galarza in *Zoo Risa* p. 45 (Colección de Mini-Libros published by the author, 1971)

Unidad 4: *Baile de la caña* by David Chericián and music by Suni Paz in *Spanish Oral Language Enrichment Activities for Children (SOL)* (Addison-Wesley, 1989, p. 35)

Hay huelga by Rafel Cepeda, in *Caribbean Connections, Puerto Rico,* Deborah Menkart and Catherine A. Sunshine, Eds. Washington D.C.: EPICA/NECCA.